CONTEXTO

Ruth Vicente González

EDITORIAL

Poesía...
eres tú.

Contexto

Primera Edición 2025

© *Ruth Vicente González 2025*

© *Editorial Poesía eres tú.*
https:// poesiaerestu.com
C/Dr. Fleming Nº50, 4ºD
28036 Madrid
Teléfono: 34 91 345 38 17
Fax: 34 91 350 80 54

ISBN: 978-84-18893-95-7
Depósito Legal: M-7720-2025

CONTEXTO

RUTH VICENTE GONZÁLEZ

Todo lo que soy se lo debo a la incomodidad. Por eso hoy agradezco cada rechazo, cada humillación, cada pataleta, cada lloradera, cada trauma que alguna situación dejó en mí. Agradezco todos los momentos en los que me he sentido una mierda. Todos los NO, que alguien a quien amaba me regaló y que me hicieron crecer y hacerme más fuerte.

PRÓLOGO

En el umbral de la palabra, donde el silencio se desvanece y el verso nace, Ruth Vicente nos invita a adentrarnos en un universo de emociones desnudas y verdades descarnadas. Su poesía es un grito que resuena en el vacío de la rutina, un suspiro que se eleva sobre el ruido de la existencia moderna. Cada página es un espejo que refleja nuestras propias sombras, cada verso una llave que abre las puertas de la introspección. Vicente teje con maestría un tapiz de experiencias humanas, donde los hilos del amor, el dolor, la monotonía y la esperanza se entrelazan en un abrazo eterno.

En este poemario, la autora nos guía por los laberintos del corazón, iluminando con su pluma los rincones más oscuros del alma. Sus palabras son como gotas de lluvia en un cielo que llora, cada una cargada de significado, cada una un universo en sí misma.

Aquí, la rutina se convierte en un baile melancólico, el amor en una droga que consume, y la búsqueda de la autenticidad en un grito desesperado contra las cadenas de la sociedad. Vicente nos invita a despertar, a sacudirnos el polvo de la conformidad y a mirar más allá de las pantallas que nos ciegan.

Este libro es un viaje, una odisea emocional que nos lleva desde las profundidades del desconsuelo hasta las cumbres de la esperanza. Es un canto a la resiliencia del espíritu humano, un testimonio de que incluso en la oscuridad más profunda, la luz de la poesía puede guiarnos hacia la redención.

Prepárate, lector, para sumergirte en un océano de versos donde las olas de la emoción te mecerán entre la risa y el llanto, entre la rabia y la ternura. Porque en la poesía de Ruth Vicente, como en la vida misma, no hay medias tintas: solo la verdad cruda y hermosa de ser humano en un mundo que a menudo olvida serlo.

Javier Pérez-Ayala
Poeta, editor, crítico literario

CON RUTINA

OTRO DÍA

Como cada día suena el despertador y no me levantaría, no sé por qué pienso que alguien como yo no tendría que hacer nada, me podrían pagar por mi simple existencia, porque sonría de vez en cuando pa que no se diga que no hago algo de provecho, compartir mi energía, solo sería eso, y que me traigan el desayuno a la cama como parte de ese siendo, consentida y mimada. Aunque NO, me desperezo y me levanto, y siento que no soy yo cuando me miro al espejo y veo el cansancio, en la inercia me manejo como un robot programado, con el perfilador me pinto la sonrisa observando mis labios, ya no tengo prisa por llegar al trabajo, tengo el tiempo controlado, ya sé qué viene a cada momento, conozco cada paso. Con el pelo me entretengo un rato y cuando acabo de arreglarme me veo mejor, preparada para otro día girando en la rueda del ratón, el bocata, el móvil, el agua, que no me deje el cargador, ya he llenado la mochila con todo lo que necesito. Ya pasaron los sueños de la noche a los que renuncio, y salgo por la puerta, enciendo el coche que me lleva a la estación, a pillar el tren. Se nota que llega el invierno y empieza una y otra vez el día de la marmota. En los asientos las mismas caras, nadie se ve, no se reconocen, ya no estamos en el valle en el que vivíamos ayer, la hoguera de la tribu se apagó y no cruzamos las miradas porque queman, demasiada info. Me bajo en la parada que toca y subiendo la escalera me doy cuenta de la poca consciencia, lo sucia que está la calle, andando por el arcén, esperando que el semáforo me pare, de memoria me lo sé. No escucho el aullido del lobo, ni los pájaros, ni el viento a través de los árboles, en ninguna parte, no está la naturaleza que nos acogía antes. Nadie pone un pie en la hierba no vaya a ser que me ensucie o que pise una mierda, que se ve que da mala suerte y está fría, abrígate bien que te constipas, y no bajes la guardia, no te fíes de la gente, no le des nada al que pide, que se busque la vida y trabaje. He escuchado este mensaje en mi familia tantas veces, la holgazanería es el pecado más salvaje, que cada uno pesque sus peces no vaya a ser que ayudes a alguien. Y ya llegando a la oficina, liándome el piti, reviso mis redes y veo el DM, me río con los memes, cuantos más te envían más te quieren, y así, creces, en seguidores, y crees, que el amor es una conversión en likes, y vas por los rieles que te marcan exactamente lo que tienes que hacer, ser auténtico, fieles al algoritmo, que se expande como un virus que cambia tu ADN y necesitamos cada vez más espacio. Aunque ahora que escucho mi ritmo, lo que más quiero es un abrazo tuyo, no me vale el contacto virtual que ya me conoce la IA más que tú, y me espanta que lo artificial pase a ser una virtud, que lo humano se pierda, que no declare un quiebre y vea la transparencia en la que estoy metida. Enciendo mi ordenador y me siento en mi silla ergonómica diseñada para que no pierda mi espalda en estas horas, atendiendo problemas reales de dinero, la gente que vive a crédito, dejando nuestro propósito de lado, preocupados por sus depósitos, si ha subido la cuenta o si deben algo. Bájame la cuota, hazme un aplazamiento, pero no me des la mano sin gel hidroalcohólico, y así nos desinfectamos de ser seres humanos, deseando que lleguen las tres, corriendo otra vez a coger el tren para ir al cole a buscar al pequeño, que hoy tenemos entreno. Cuando ves a alguien, te pregunta cómo estás y siempre respondes: bien, porque no tienes tiempo de pararte a observar lo que está pasando, el huracán de la rutina te come, y así día tras día, me salva la noche, en mi fantasía, soy un ser de luz en una casa con jardín y la gente me viene a pagar pa escucharme y tomarse un té y ver el comodín que escondí en mi manga, descubrir la magia y tomarse la pastilla pa salirse de la matrix, ver la verdad que hace que mañana no vayas a trabajar y te replantees tu vida, que te desnudes y empieces a jugar, que andes descalza por la orilla del mar, y saltes con las olas, riéndote, y te vea aparecer por el horizonte, y me abraces y me beses, en la playa donde todo empezó, hasta que otra vez, suena el despertador y hace, que me levante.

EL PROBLEMA

Cuando el problema es un problema, y lo llevas a cuestas, cuando no puedes salir sin eso de casa, cuando es una más, la última, cuando llega mañana y ves entrar el sol por la ventana y se ha pasado la línea que no has visto, ya ha desaparecido la pasión, la consciencia, te has pasado de vuelta y ya es tarde pa cuidar lo que te queda de cuerpo, siempre hay alguien pa salir, pa bailar, pa cascar, pa fingir que todo es normal, pa no poder tragar, en verdad, lo que te pasa. Cuando es una más, uno más, venga la penúltima y me voy pa casa, tú verás, que no llega esa hora de plegar, otra jornada laboral con el maestro, con el discípulo, eso ya da igual, qué más da, machacando tu vehículo. Siempre hay alguien que viene y va, a pillar, acompañar se nos da bien, otro que no se quiere ir, arreglando el puto mundo en un sofá, una silla, un diván, donde te has dejao la espalda con las mil quinientas horas que has estao hablando de nada, pa no ver la verdad, que ya llevas un rato sin parar de pensar, que ya no pasa más, que ya no queda más, que es la última vez, otra vez, erre que erre, has vuelto a cruzar esa línea, que es tan fina, o no, la sentiste entrar, la intuición no te falla, no tendrías que haber ido ni cogido el teléfono, ni escuchar al que te habla. Se te ha vuelto a liar, la batalla de la mente, ya lo sabes, has vuelto a acabar como siempre. Te sabes el lugar de memoria, y no puedes avanzar, no te puedes levantar de la silla, aunque quieres, no se despega la birra de tu mano, porque así podré dormir, pagaré un precio elevado por seguir estando aquí, pero me siento acompañada por esta gente que me entiende, estamos igual y eso me consuela, será que no estoy tan mal, igual mañana la llorera me sentará bien. Ya no sé dónde está la intensidad que ahora he perdido en la liada, ya no suena mi canción, he perdido la elección, que se va, cuando la razón no perdona lo que pasó, estás llegando a tu final, se acabó, ya está gritando tu alma, te está dando la oportunidad de ser mejor. Aprovecha la ocasión pa crecer y deshacerte del mono de tu espalda que no te deja ver más allá. Ahora me quiero cuidar, ya he tirado la bolsa y el alambre del pan Bimbo y los mil quinientos quintos de los que se acordará mi hígado. Es momento de parar y hacer las paces conmigo, contigo, empieza otra vez, ya verás que saldrás, y te darás cuenta de todo lo que eres capaz, solo es un bache que hay que traspasar. Utilizaré mi llave pa otra cosa, abrir otra puerta, y sabré, y sabrás, que se puede plegar una hora antes, que somos diferentes, que no nos importa lo que diga la gente de nosotros, sabemos de qué va la historia.

Spoiler: el problema tarde o temprano se resuelve y se acaba.

HASTA EL MOÑO

Continúo en esta vida para crecer como persona, se ve que se trata de alcanzar mi mejor versión si es que eso es posible, de producir algo mejor para no sé qué movida de eliminar patrones y decidir mejor, para ser libre dicen y alcanzar la luz, una visión más clara y perfecta, abrazar el todo se ve. Yo hoy estoy jodida y las frases de autoayuda no me ayudan, estoy enfadada con el mundo y su estúpida manía de llevarte por el buen camino y de conseguir no sé qué cosa. Al final todo es lo mismo, trabajar más, para no ser, para eliminar, para acabar elevándote a no sé qué nivel de consciencia, será que hay un ranking, pues yo no quiero estar, ya no quiero sanar ni trabajar el árbol familiar. Estoy cansada de gurús y de técnicas que me llevan a no sé qué meta, a alcanzar un ideal, porque se ve que soy un ser de luz que no se entera de nada, que estoy aquí enjaulada y que no decido ni lo que desayuno por la mañana. Hoy estoy hasta el moño de que me acompañen en el camino y de acompañar, me apetece descansar de esta locura, quedarme en este prado a contemplar cómo amanece y volverme a la cama y no hacer nada, mirar al vacío apoyada en la almohada sin que pase nada, ya no quiero cambiar nada, solo quiero soñar contigo.

OFF

Hoy me bajo del tren, ese que me lleva siempre al mismo lugar. He elegido una estación al azar y he decidido bajar. He apagado el móvil, me he puesto a andar, hacia no sé dónde... me he permitido vagar, sin rumbo, caminar sin prisa, no tengo que llegar a ningún lado, nadie me espera, he soltado todos mis pensamientos, concentrada en mi cuerpo, en el viento, en el sol que acaricia mi cara, en mis piernas mientras andaba, no necesitaba más, un paso después del otro, sin esperar nada. Me ha invadido una sensación de paz, ese soltar voluntario, esa decisión instantánea, no meditada, darle al OFF a la explicación, ningún argumento rondaba mi cabeza, ninguna certeza, solo bajando el volumen de esa voz tan escuchada, apagar esa emisora, ese yo que me taladra. Y en la caminata he sentido el latido de mi corazón, su ritmo, como una canción, que se ha alzado por encima de los edificios, algún pájaro me ha acompañado con su cantar, la gente en los pisos se asomaba al balcón, aunque no escuchaban lo que yo, como un impulso magnético les llevaba, y me saludaban al pasar, como si me conocieran, porque esa melodía, les recordaba quienes son.

NO PUEDE PARAR

El cielo está llorando, está de proceso y la tristeza lo ha atrapado, no puede parar, desconsolado, las nubes que lo ven no pueden hacer nada, intentan juntarse más, para abrazarlo, le cantan para animarlo, las nanas suenan por todos lados, el viento las lleva entre los árboles, se aceleran en los valles y los prados, los animales corren desesperados porque no se callan y el cielo no para de llorar, no puede parar. Las gotas caen en la tierra como espadas, agujerean la superficie plana, es su alma, golpeando el cuerpo, la emoción lo traspasa y se acumula, el cielo está desbordado creando esa charca en la que saltamos con botas de agua, en la que se ahogan las historias pasadas, las malas rachas, no puede parar, aunque se siente arropado, su pena despliega tal tormenta que los demás le dan de lado, su bajón hace daño a los que no entienden sus actos. Y el mar está enfadado con él, lo mira desde abajo, las olas al chocar con las rocas quieren llegar a tocarlo, y decirle que ya está bien, calmarlo, y no pueden, y no puede parar, el cielo necesita ser acompañado. ¿Tanto cuesta de entender? Todo lo que ha sacrificado pa que vivamos "bien", al móvil pegados, esperando la alerta, que no llegó, el mundo colapsado, por el hacer, por el tener, mirando, siempre multiplicando, ya no puede ser, el corazón acallado, el silencio ensordece al que empieza a ver algo. Y ya no puede parar, y nos empuja al cambio, a alzar la voz y ponernos en pie para no ahogarnos en sus lágrimas. Un taladro en la consciencia que despierta las alarmas, internas, las que encienden las linternas para ver, que no es de hoy, es de ayer. No tiene que ver contigo, deja de mirarte el ombligo y mira hacia arriba, y date cuenta de que el cielo no puede parar, no puede parar de llorar, no hemos pensado en el mañana y pasan cosas, no avisan, el volcán, la Dana, ¿qué contaremos?, ¿qué dirán nuestros hijos?, ¿de qué hablaremos? ¿qué futuro nos espera? Aparecen los que no tienen corazón, ¿se puede negar la protección?, por dinero, por no salir del caparazón, la sinrazón, qué vergüenza, ajena, o no.

ACUARIO

La nueva era requiere un cambio. Si piensas que te puedes quedar tan ancho como siempre, que no tienes que crecer ni avanzar hacia ningún lado, prepárate para sufrir lo más grande, quedarte atado al pasado no te servirá de nada, pasará el tren, que perderás, si no te espabilas, ponte las pilas porque la evolución no te va a esperar, no encontrarás las respuestas fuera, eso ya lo sabes, o lo intuyes por lo menos, no te quedes donde sientes que ya no quieres estar. Creemos que tenemos que luchar, y lo que no vemos, es que ya pasó esa época, ya pasó la guerra, interna, ya colapsó el modelo mental lleno de creencias estúpidas, de extremos que dividían el mundo en dos, de bandos que se odiaban sin conocerse, el sentido común brilla por su ausencia, y los terrenos sembrados en nuestra contra. Hemos estado cosechando lo que no queremos, por no atrevernos a cambiar nuestras ideas, obsoletas, escucha lo que te digo, aunque no seamos amigos, porque si te resuena, ya lo llevas contigo, el germen que crecerá y te hará distinto. Te transformará y comprenderás de lo que hablo, cuando estés metido en la fosa, es necesaria la profundidad, recuerda que el gusano en su crisálida se convierte en mariposa. Y si el proceso no es de tu agrado, piensa, solo es cuestión de tiempo, aparecerá tu puerta, la idea luminosa, que te sacará de este letargo, algo que te hará evolucionar como ser humano para entrar en la nueva era de acuario.

CON AMOR

SOLO PIENSO EN TI

Te echo de menos, solo pienso en ti, eres droga dura para mí, te has convertido en mi adicción, no sé cómo desengancharme, en mi mente esta tu aguja y ya no funciona mi brújula pa no perderme en el camino.

Solo pienso en ti, me he olvidao de mi destino, no sé si he tomado la mejor decisión para mí, ahora tengo otra opinión, me ha quedao una sensación extraña, que me amarga, ahora no sé en qué estación bajarme, tengo una maraña de emociones, un remolino.

Solo pienso en ti, me he pasado la parada, ando despistada y no me puedo permitir estar así, zombie, aunque quiero insistir, soy masoca, me revuelvo en mi sentir y estoy pasota con todo lo demás, la vida no me llama la atención, ya no alucino con nada.

Solo pienso en ti y aunque tengo que hacer cosas, acudir a obligaciones, lo que quiero es dormir, duermo a todas horas, parezco una marmota, por ti he dejao la fiesta, ya no sé salir, se me ha olvidao la gresca y ahora estoy despierta y me he propuesto sufrir, sentir el mono a cuestas pa no olvidarme de ti y de este amor clandestino.

Solo pienso en ti cuando cojo el estropajo pa lavar los platos, cuando me meto en la ducha, y se desactiva mi escucha cuando el agua me cae por el pelo, no supero este duelo, rompí la hucha y me compré un champú con tu olor, que me ha costao un pastón, ahora solo me imagino contigo y le pregunto al adivino cada día, es mi afición, cuando me tira las cartas y ve que volverás y me pongo contenta y me creo a cualquiera que me diga lo que quiero escuchar pa no ver la realidad.

Y la verdad es que solo pienso en ti.

TE QUIERO

Miro tu foto más de lo que me gustaría, es para no olvidar tus ojos, tu cara, tu sonrisa, la miro cuando nadie me mira, lo hago a escondidas para que nadie sepa que te quiero.

Releo tus mensajes como si fueran revistas de esas de la sala de espera que son antiguas, me gusta volver a verte ahí en el momento que los escribías porque te quiero.

Pienso en ti cada día, y lloro y me revuelvo en mi tristeza para no olvidar lo que sentías por mí y regar esta historia para que crezca y forme parte de mi vida porque te quiero.

Escucho tu voz en mi cabeza, tu gemido en mi oreja, los audios que creaste para mí como canciones viejas, las escucho una y otra vez y no me canso porque te quiero.

Siento en el pecho el calor de tu amor que guardo como un tesoro, lo resiento para darle el valor que se merecía, avivo el fuego de la pasión para que no se apague ningún día porque te quiero.

Veo tu imagen en esta hoguera, huelo el humo trepando desde el suelo y las llamas de la pasión se convirtieron en nubarrón hasta que la tormenta nos mojó en la lluvia de nuestra cita.

Hago todo esto porque te quiero, porque no te puedo querer más, porque yo no puedo sola con este amor tan intenso y me pesa la espalda y lo tengo que soltar a ver si aligero.

Y ya cuando pueda y sienta, suelto, y quiero pensar que algún día se acabará este infierno que me tiene muy frita y nos volveremos a encontrar los dos volando por el cielo.

HOT

Quiero decirte cosas al oído, en bajito, que me abraces, sentir tu piel, que me toques por debajo de la falda, notar la palma de tu mano, que se me escape un gemido, besar tus labios, chupártelos, nuestras lenguas se tocan, ya se conocen, el placer, recorre todo el cuerpo, ya no sé dónde estoy, me pierdo en tu voz, tu respiración agitada me pone, estoy hot. Me desnudas, salvaje, y quiero que bajes, que pases mi ombligo, quiero gastar todos mis condones contigo, quiero que me cojas del cuello, ya lo ves, que estoy hot, quiero que me chupes las tetas, comerme tu piruleta, quiero que me la metas, cabalgarte, que me estires de la coleta, ya sabes lo que quiero mi amor, dámelo, no me hagas esperar, bésame lo que puedas, ya sé que estas cachondo, veo mis piernas en tus hombros, abiertas, no pares, me tienes muy loca, mirándome a los ojos, inyectados en sangre. Estoy hambrienta de ti, pero ahora soy tu presa, ya me tienes, me queda nada pa correrme, no me escapo, y te veo comerme, sale el grito de mis labios y me muevo más rápido, y me mandas, como tú sabes, y me cambias de pose, me llevas para arriba y pa abajo, con tu fuerza, siento tus manos grandes en mi espalda, cuando entras en mí, me pones a mil, me calientas, con las cosas que me dices, con tu saliva me bendices, curas las cicatrices de mi cuerpo y mi alma, y me encanta que chilles cuando acabas y que te quedes tan en calma. Se me para el corazón y se espacia más la respiración, y me quedo llena, llena de amor, y me muero cuando abres la boca y dices: te quiero.

Y este cuento se acabó y vivieron felices y se comieron el uno al otro en bucle.

PERDIDA EN TI

Estoy perdida en ti, en tu presencia... me he perdido en tu sonrisa, en tu voz, en tus palabras, en la historia que me cuentas... Me he perdido en la luz que emanas, en tu gran corazón, en tus sombras... Me he perdido en tu interior tan inmenso, en tu mirada, en todo lo que cantas, cantando o no, en tus creencias que veo como mantras, en el sabor de tu cuerpo, en tu olor, ya no veo nada, cegada con todas las partes de tu ser que veo mientras hablas... Me he perdido en ti, en tu saber estar, aquí, en el centro, en tus enseñanzas, en lo que aprendo, en lo que nutre mi alma, en el calor de tu energía me siento en casa, en el ritmo de tu corazón que me amansa, en cómo andas, en las pausas que haces en la conversación, en tus silencios... Me he perdido en ti y ya no me encuentro.

SUCEDIMOS

Sucedimos, no puedo explicar cómo pasó, fue algo inesperado, no nos buscábamos, ya nos conocíamos, aunque no nos habíamos visto, es algo extraño, pensar que ayer no estábamos preparados, y hoy sí, nos reconocimos solo escuchándonos, aunque lo que no sabíamos era la profundidad de lo nuestro, no esperábamos esto, ninguno de los dos, el camino es lento por la situación a la que nos adaptamos en nombre del amor, qué más da el formato, cuando nos amamos, y estamos experimentando algo tan inmenso, que a veces nos desbordamos, con la L vamos por este camino nunca transitado, pero seguimos andando, juntos, de la mano, sosteniéndonos sin dudarlo ni un segundo porque algo nos ha inundado, no podemos mirar hacia otro lado porque somos nosotros, estamos vinculados, desde hace tiempo... ni nos acordamos, y sabemos que estamos pegados en todos los planos, no podemos deshacernos de lo nuestro, escrito en algún lado, que no vemos, firmado con la tinta azul del universo, nos vemos en nuestros versos, atados con el lazo ahora tenso, porque estás lejos, aunque te siento igual aquí a mi lado, y no nos soltamos porque tú me quieres y yo te quiero.

DIME CÓMO

Cómo no te voy a querer, si veo en tus ojos a ese hombre curioso que se enamora de un gemido, el que sale de mi boca, esos ojos que me miran como si vieran algo por primera vez.

Cómo no te voy a querer, si escucho la respiración que sale de ti agitada, tu nariz expulsa el aire del deseo, se eriza nuestro bello y en forma de gotas se funde con mi piel.

Cómo no te voy a querer, si cuando toco tu pelo y estirándolo de la nuca descubro tu cuello, y me lanzo poseída por tu olor y solo quiero morderlo.

Cómo no te voy a querer, si cuando beso tus labios un rayo atraviesa mi cuerpo y empezamos una lucha encarnizada, con el alma destapada, rebozados en placer.

Cómo no te voy a querer, si acabamos estirados en la cama, cada uno en su lado, descansando del estado que nos ha hecho enloquecer.

Y ya más calmados, acabamos abrazados, encajando a la perfección esos cuerpos agotados. Y al fin con la sábana nos tapamos.

Cómo no te voy a querer, si en el fondo sé, que esto, no se ha acabado.

EL AMOR ME INSPIRA

El amor me inspira y es por eso por lo que te he escrito 100 poesías por cada día que no hemos estado juntos. Está mi casa vacía y el llanto desconsolado me acompaña en este duelo, enterrada entre miles de páginas que no me dejan ver el suelo. Las palabras que escribo me caen del cielo y cuentan nuestra historia de cosas que no hemos hecho, de esperanzas y deseos. Quiero teletransportarme a esa línea de tiempo en la que estamos juntos en una cabaña, es invierno, y nos abrazamos mirando el fuego. Y en tus ojos me veo como el tesoro más preciado, tomándonos, piel con piel, porque el alma ya me la has tocado. Nunca he deseado tanto que no amanezca para estar contigo otro rato, para tenerte siempre en este mundo imaginario que me he montado. Me he arrepentido justo en el momento que has colgado. Y sé que estoy haciendo trampa porque aún no entiendo esta balanza, este universo inmenso que vive aquí en mi pecho, justo en el lado izquierdo. Vivirás aquí encerrado hasta que pueda mirar hacia otro lado sin que duela tanto, cuando no te vea por la calle andando, en la acera de enfrente, parada en el semáforo, en las gotas de lluvia que se estrellan con los charcos.

Y un día me reiré recordándolo y seguro que entenderé lo que ha pasado.

Pero mientras estoy aquí llorando, en el tren de camino al trabajo, tengo que contenerme más de una vez al día para que la cara no se me borre con toda esta agua fría que cae de mis ojos, me voy a quedar vacía. Ahora estoy muy estúpida con todos, tengo antojo de estar rabiosa, de enfadarme por cualquier cosa que me digan, ya no quiero ser agradable, ni chistosa, he dejado de ser facilona y de llevarme bien con todo el mundo, ya pasó, murió la chica amorosa, ya paso, no me quedan mariposas en el estómago. No me mires con esa cara porque igual me sale el barrio y ahora barro pa mi casa y no quiero que entre nadie, estoy cuidando mucho mi espacio, si no vienes a sumar mejor vete y no me invites a nada, porque ya estoy amargada de la gente, enfadada con el mundo, es la única forma en la que puedo sostener esto y dejar que se asiente. La rabia me ayuda a levantarme de la cama, ya no puedo con mi alma. Lo que pasa es que el amor me inspira y no puedo dejar de escribirte poesías y recordar lo mucho que te quería, y así estoy arriba y abajo, validando este trabajo de emociones incómodas, subiendo otra vez en el tren pa no ir a verte, escribiendo en el lavabo, recordando ese momento en el que te mentí y te conté lo que de verdad estaba pensando, no pasó en vano, quiero que sepas que te he mentido otra vez, porque yo, sí te estoy esperando.

CON DOLOR

MIL DUELOS

Porque ya he hecho unos mil duelos, porque parece que hay que dividir en porciones el amor, más grandes, más pequeños, las migajas para esta no vaya a ser que alguien se ofenda y se enfade porque esa mirada ha sido un rayo que me parte en dos. Y estoy así dividida entre el amor romántico que me enseñaron y las lecciones de la vida, experiencias que me dicen que lo que nos cuentan es mentira, estoy harta de pensar que aquí no hay nadie más que piense en esta mierda y no se le revuelvan las tripas.

Ya no puedo hablar normal, solo vomito rap, me salen de las entrañas una y otra poesía y no quiero parar pa que no me coma la envidia cuando veo a esa gente en sus historias de felicidad. Y de verdad me siento fatal aquí en esta esquina revolcándome en mi dolor, solo espero que algún día vuelva a salir mi sol y que ya no apriete este cinturón. Quiero escapar de esta trampa mortal en la que a veces se convierte el amor.

NO PUEDO SEGUIR ASÍ

No puedo seguir así, pensando que vas a volver,
en tu casa ya no te ven porque vives en mi mente.

No puedo seguir así, mirando por la ventana por si te veo
aparecer, esperando que suene el timbre de la puerta,
por si decides venir a verme.

No puedo seguir así, contándole mis historias a las estrellas,
esperando el único deseo que quiero que me concedan.

No puedo seguir así, ya no puedo, ya no quiero, estoy cansada
de luchar por algo que soy la única que veo.

NO ESTOY PREPARADA

No estoy preparada para perderte, aún no, no me lo he imaginado, no lo espero, ni lo pienso, solo quiero que seas eterno, que no tenga que echarte de menos nunca, no estoy preparada. No quiero que te vayas, me dan igual las leyes, se equivoca la biología, no me creo que la lógica tenga razón, no quiero no verte, no quiero no escucharte, ni dejar de sentir tu apoyo, no quiero pensar que ya no estás, que no puedo hablar contigo más, no entiendo esta locura, fucking naturaleza y los ciclos de la vida. Que el tiempo vuelva atrás, de verdad, no estoy preparada, no creo en la ciencia, en "la realidad", me he cansado de esta mierda, no quiero algo cambiante, necesito algo fijo, ahora no, no estoy preparada para no abrazarte, para no verte aparecer un día cualquiera, para que no veas crecer a mi hijo, para que mi madre se quede sola, para verla triste, no estoy preparada para nada, ni quiero estarlo, estoy enfadada con esto, ¿qué coño ha pasado? No creo en la edad, ni en las enfermedades, ni en los sucesos inesperados, no estoy preparada, NO. No me hagas esto, tú, la vida, el cuerpo, Dios, el Universo, quien sea que lo haya hecho, que salga de donde está, que se las vea conmigo, que me devuelva lo que es mío, egoísta, no te escondas, da la cara, no estoy preparada, no te tengo miedo, ven aquí si te atreves, porque estoy rabiosa y triste, te voy a decir lo que siento, ¡maldita sea! Que no estoy preparada joder, para esto, que aún no toca, que me has jodido el cuento, que no estoy preparada, que no es momento, ¿quién te ha dicho que te lleves lo que es mío? ¿Cómo te atreves a llevarte de mi vida a mi vida? Mi masculino, el que me enseñó tantas cosas, el que me ayudó, me empujó, creó mi camino, me enseñó el trabajo, me regaló la determinación, el hacer con amor. No estoy preparada y no quiero estarlo, y estoy en este proceso, sin querer, a regañadientes, sin querer sentir lo que siento, sin querer quererte para que no duela tanto. No estoy preparada, lo siento, si querías un discurso de lo bonito que es la muerte, de lo guay que era todo antes, te vas a otra parte porque esto es lo que hay, la verdad, que no estoy preparada, que me queman las entrañas, que quiero gritar, insultarte, que me pesa este vacío, que no quiero mirar al cielo, ni soñarte, quiero que estés aquí conmigo y nos riamos como siempre, que escuches lo que te digo, que no estoy preparada, que te quiero, aunque nunca te lo he dicho, que me esperes, que respetes mis tiempos, que te necesito, que no estoy preparada y deseo que vuelvas, por favor, sé que es posible, no me digas que no, que si puedo pedir un regalo, y creo en la magia, que se haga realidad, lo quiero manifestar, sé que tengo esta facultad, te voy a traer de vuelta, lo quiero de corazón, aunque la Psicóloga me diga que estoy en negación, ella qué sabrá de las leyes del Universo, envíame una señal, para que te vuelva a encontrar, en algún lado, que no se diluya mi esperanza, que no me hunda en este lago de lágrimas. No estoy preparada, por favor, que alguien le dé a rebobinar en esta película, a mucha velocidad, para que no recuerde nada, y vuelvas a mi lado, cuando nada de esto había pasado, y seguir leyendo la anterior página, este libro no ha acabado. No estoy preparada para que desaparezca este tú y yo, para no volver a tu regazo o cogerte de la mano, como cuando era una niña, y me decías, ten cuidado, dime dónde estás, para irte a buscar, para volver a jugar, para no perder el tiempo y disfrutar cada segundo que hemos pasado juntos, que no me he enterado. No estoy preparada, aún me quedan cosas por explicarte, y aquí me quedo, esperándote, peleándome con el mundo, que me dice, que lo que pido no es posible, lo único que no es reversible, lamentablemente, pero no estoy preparada, y como no me creo nada, y soy fan de lo intangible, y del genio de la lámpara, y veo muy factible que se me aparezca y me conceda los 3 deseos, que con uno me basta, porque pediré lo único que quiero, que resucites, y me digas entre risas, que todo ha sido una broma, y que me quieres, y que nunca más te vayas, sé que esto pasa, lo escuché en misa, y no tengo prisa, aquí estoy preparada, ahora sí, imaginado que picas al timbre de mi casa, creyendo en tu llegada y que vuelvo a ver tu mirada, como si no hubiera pasado nada, que me digas que no ha dado esta vuelta la vida, que esto no es real, y me despierte de esta pesadilla.

ESPERANDO

Aquí estoy esperando que me escribas, no me has podido atender, ni disponer de un segundo para mí en todo el día. Seguro que estoy en tu mente, no salgo se ahí, y me siento encerrada en un lugar muy pequeño que quizás mi grandeza no puede sostener, el no saber dónde estoy… Y me pregunto… ¿qué lugar ocupo en tu corazón? Puede ser que no me merezca esto porque mi pasión no me deja ver lo obvio, que ya no me puedo esconder, que la pequeñez, me aprieta el pecho. Es hora de tomar la decisión que he estado evitando, por amor. ¿Qué será de nuestra canción? La danza ya se bailó, y solo te digo que se acabó lo que se daba, cansada de seguir tu estela, me fui a dormir, apagué la vela de mi habitación, y la tristeza, gran maestra, me mostró lo que en realidad anhela mi alma, lo que espero del amor, y el mensaje me calmó, y la escucha secó mis lágrimas, cerrando mis ojos pude ver mejor todo aquello que me espera, y en mis sueños te dije adiós con una sonrisa en la cara… Gracias por todo.

ME CUESTA

Me cuesta no saber cómo estás,
que no me cuentes tus cosas,
no escuchar tu voz y acompañarte en estos días,
que igual me necesitas y no puedo estar.

Me cuesta no preguntarte lo que sientes,
ni contarte mis historias,
que no escuches mi voz, mi respiración,
ni te rías con mis chistes.

Me cuesta olvidarte, no quiero
intentarlo, ni caminar por esta calle
sin que me lleves de tu mano,
no quiero ni probarlo.

Me cuesta de la vida esta vuelta,
me cuesta todo un mundo
porque, aunque no quiera
ya te he conocido
y no quiero que esta historia
caiga en el olvido.

Me cuesta mirar atrás y no pensar
en este hilo que nos une,
en el paseo debajo de un paraguas
que acercó mi cuerpo al tuyo,
esa lluvia que nos regaló algo mágico.

Me cuesta pensar en todos los momentos
que no pasamos juntos y crear
esta película que no paro de rodar
en mi cabeza y no cesa ni un segundo.

Me cuesta dejar de escribir
y pedirle a las estrellas que me escuchen,
que te traigan de vuelta a mi casa,
que te acerquen con su estela
y que te dejen en mi cama.
Y que nunca más te vayas, este es mi deseo
porque te he mentido
te dije que no te espero
pero el dolor no calla
y aun estando en la batalla
lo único que siento es que te quiero.

¿AGUANTARÁ MI CORAZÓN?

¿Aguantará mi corazón tanto desastre? Tanto caos, el huracán que dejaste, encogida en un rincón, hacia adentro, el desgaste se me nota. Estás en todas partes, tus cosas, las que no te llevaste, todo lo que tocaste me cambió. Seguro que esto me hace mejor aunque aún no lo veo porque se metió un diluvio en mis ojos y solo pienso en cuando querías besarme. Tardaste en quererme, en llegar ¿y esto es todo? todo para acabar. No me salvaste de este tsunami, lo vimos venir y me soltaste aunque te quise agarrar de la mano. Se acabó este amor al que llamamos no desbordante pero me desbordó, por todos lados, y me ahogo, solo yo, claro, como siempre... me han pagado con dolor. Estoy cansada del cambio, de mi reacción, de sentirme perdida en esta ilusión que llamamos vida que me tiene el corazón hecho pedazos. Aún no me he adaptado y ya te tengo que decir adiós, y aquí estoy, preguntándole a Dios si algún día volveré a sonreír, y algo dentro de mí, me dice que sí, vas a estar mejor, confía en ti, en el proceso. Y hoy estoy cansada de esto, de los altos y bajos, de seguir llenando y vaciando el cesto de la ropa sucia, de los hechos cotidianos, de que continúe lo que continúa y no lo nuestro. Y tengo sueño, no me quedan ganas de realizar mi sueño, igual necesito una patada en el culo que me saque de este mundo oscuro. Ahora tengo que continuar, pelearme con la parte que no me deja avanzar, con las cosas que pensaste que íbamos a hacer juntos. No tuvimos un último baile, y entre todos los suspiros, solo deseo el tuyo. Y me tengo que animar, y salir a caminar para soltar el audio que me enviaste, que ronda aún por mi cabeza, no sé por qué empezaste algo de lo que igual no estabas seguro. Ahora me parece todo injusto, me siento un experimento que todos sabían que iba a acabar mal, menos yo, que me tiro a la piscina por amor, sentí que ésta no estaba vacía porque la ilusión la llenó, el tú y yo que imaginamos, la conexión, la visión que creamos a cada paso. Y me sigo preguntando… ¿aguantará mi corazón tanto desastre? Cómo llenar este agujero que cavaste con tus abrazos, con tus caricias, con todo lo que me diste, no tengo fuerzas para sacarlo, este vacío, tan hondo… ya no se llena con nada, y solo cierro los ojos, rezando pa que mañana se me pase el antojo de estar destrozada y volver a sonreír en la playa de tu foto.

LO QUE NO DIGO

Ahí está la pataleta de la niña que no fue atendida, la voz cínica que gritó en mi cabeza, aquella vez que me critiqué tan duramente, aquel chiste malvado que me guardé para no hacerte daño, y me lo hice, el susurro que me invitó a tomar, cuando había perdido todo, según la que habla, la comodidad que me invade, pa que verbalice, para que saque lo que no me hace bien, aquello que no dije, la charla que dio mil vueltas y no salió al final porque la voz no llegaba cuando de verdad lo necesitaba, que vibraba en otra frecuencia. Expresar aquello que daña mi cuerpo y no encerrarlo, aquí adentro, y dejar que explote porque se acumula en lote todo lo que no puedo expulsar desde el lugar que quiero, como un volcán se va calentando, y la presión dispara cuando ya no puedo más, las balas de la desidia, la amargura y las lágrimas que no cayeron en su momento porque no estaba en un espacio seguro y no me podía sostener. Me suben los calores, siento en las piernas los temblores del miedo que encarcela mis palabras en el pecho, atrapados los traumas, no hice el duelo de la muerte de mi primer perro, y aún, me estrangula, todo eso que se acumula hace mucho tiempo. Me encierro en este siendo, pa dentro, me escondo en el humor y en el humo que me tapa la cara como una niebla espesa que no me deja ver nada, más que la que declara: hoy no puedo… no puedo más que hacerme una bola, que me siento sola con todo esto, y no llega el acompañamiento que me prometió algún cuento que me leían cuando aún no andaba. Y sigo en el camino que me toca, se me llena la boca de cosas que no puedo vomitar y me meto en mi cápsula. La ansiedad que no me deja salir del portal, me quedo en el astral y no bajo a tierra. Hace falta vaciar las cosas que no me dejan avanzar, que pesan como losas en mi espalda, y me duele la lumbar, un masaje me tendrían que dar y estirarme sin hacer nada. El mensaje que me satura, ya no quiero trabajar, no quiero ver más, solo quiero disfrutar del paisaje, sin pensar, sin subir por la espiral de la consciencia, sin darme cuenta de nada más, tirarme en la playa de la inocencia y dejar la responsabilidad en la ciencia. Matar algunas neuronas pa librarme del afán de escalar en la montaña de la espiritualidad, y volver a empezar, reencarnarme en una planta, con veinte mil rayos de sol traspasando mi cuerpo, solo hacer la fotosíntesis, sin interés por moverme, en un entorno seguro, con mi bosque sosteniéndome, y fluir con las estaciones, han cesado los controles, los filtros que me retienen en este vehículo, lo biológico de ser humano, lo que limita, este formato de ser que no me deja ver. Quiero expandirme por el cosmos, libre de la Red, que me encarcela en el lenguaje que me sirve apenas para escribir un texto y contarte lo que pienso pa que alguien lo pueda leer, y a lo mejor, se identifique, con este siendo retenido que no se puede expandir ni convertir en la luz, que sé, que un día seré, cuando llegue mi momento.

CON TERAPIA

SÉ QUE PUEDO

Estoy cansada de los vicios, de depender de cosas externas, de llenar este vacío que pesa, cada día más, de fingir que estoy contenta con mi vida, de aguantar la monotonía de ser alguien que no desafía mis creencias, que se agarra a la comodidad como a un clavo ardiendo, que no puedo soltar por miedo, por miedo a ser diferente, por no aceptar que soy especial, por no atreverme a ser divergente, quiero dejar la estabilidad atrás, eliminar el miedo a no ser amada, creer en mí más, arriesgar y decir lo que pienso de verdad, mostrar mi autenticidad y crear, crear lo que quiera, sé que puedo.

SACUDIDA

Por fin veo el sol, después de días de oscuridad, patrones que me tienen atrapada sin piedad. He soltado amarras y he salido a respirar. Ha servido la terapia que me hicieron hace un siglo para ver el pasillo de aquel piso antiguo, en el que cada habitación representa un ámbito de mi vida. He tomao distancia, he elevado la perspectiva, observado cada estancia pa que no se diga que no trabajo en mí, en vaciar la mochila de piedras que cogí por el camino, me he liao a destruir aquellas con las que me caí más seguido, por suerte las he visto. Esta vez he estado sola, he tocado fondo, desde el hoyo no se escucha nada y la ayuda no llegaba, allí en lo más hondo me he puesto manos a la obra, me he remangao la camisa, encharcada en sudor, en el fango buceando pa encontrar el dolor, aquello que me hacía daño, nada de magia, no señor, ahí estaba el autoengaño, me visita cada año a ver si le hago caso, y no avanzamos, tirándome la caña, cómo es de vacilón, qué pesado. Y a todas estas el cuerpo no me acompaña, el cansancio se abre paso por este proceso que algunos llaman el camino del miedo al amor, por ponerle un nombre majo porque aquí estoy con la pala eliminando la maleza, con la tristeza, no sé yo, aunque estoy mejor, menuda sacudida por Dios. Un descanso no me vendría mal, la verdad, ya no puedo más, no veo la hora de llegar a casa de esta jornada laboral, qué pereza, sí, cambió mi pensamiento, déjame ya en paz, voy a pedir un aplazamiento, quiero ir a la playa y disfrutar de la belleza, que no me da la vida pa tanto autoconocimiento.

Pues eso amigo, que trabaje tu primo, invítame a un masaje, ya tú sabes, lo que me propongo lo consigo, he acabado un ciclo y ahora quiero estar solo conmigo, me lo ha dicho el destino al oído.

LA DECISIÓN

Se me ha hecho tarde, ya llevo unas cuantas noches sin dormir y me arden, las veces que no paré. En mi cabeza me quería ir, pero pido otra cerveza y salgo a fumar el último piti, cuando ya estoy cansada de repetir lo mismo. Una parte de mí, no sigue el ritmo, y prefiere construir algo nuevo. Las negociaciones se dan, las escucho, todas las partes discutiendo, buscando una táctica, el corazón, la mente, el cuerpo, las voces que se expresan, la decisión ya la sabemos, hay que llevarlo a la práctica. Conocer no es saber, la experiencia es la que marca, al final, tu estado de consciencia, y la pregunta es: ¿vas a cambiar? O ¿vas a hacer lo mismo? Qué cansino todo, qué pereza el cambio, lo que pasa es que ahora no tengo elección porque la hostia puede ser grande y lo tengo tan claro… así que me remango, y me voy, y ya no salgo. Escribiendo paso las horas y hago algo que me ayuda a expresar lo que siento, y convertir la mierda en texto me libera. Al final no se trata de dejar nada, es sustituir lo que No, por algo que te llena, y esa rutina te hace subir un escalón, en la escalera de la vida, no llegaré a ningún sitio, solo quiero ver dónde me lleva.

SÍ

Los procesos de transformación llevan su tiempo, es muy fácil
ver en el exterior lo que los demás tienen que hacer, aunque no
es lo correcto lo que tú ves. Tú crees que tienes la respuesta del
otro, y no, si te quedas en silencio puedes comprobar que tu
solución para el otro, aquello que emerge de ti como la verdad,
es siempre una oportunidad para conocerte y pillar lo que estas
siendo, esas creencias que te tienen, que muestran cómo eres,
hablan de tu camino porque no puedes ver nada más. Tú solo
puedes ver tu filtro, no existe nada más que tu percepción de las
cosas, el otro es una creación tuya para enseñarte el aprendizaje,
la lección que te toca. Ahora, aprovecha la oportunidad que te
dan los demás, para verte, para comprenderte, utiliza esa
información para ti. Cada vez que hables escucha lo que dices,
tu palabra es oro, y... vuelve a ti siempre haciéndote la pregunta,
¿esto me lo estoy diciendo a mí? Y la respuesta será, sí.

LO MEJOR PARA MÍ

No me digas que me quieres si luego te vas a ir, si no sientes en verdad lo que dices, no marees la perdiz.

Ahora mi cora está curado y si hablas desde el ego, tarde o temprano me vas a herir. Aunque me gusten tus palabras, yo lo siento, pero no te creo.

Igual soy yo que me he hecho una coraza, mi experiencia no me deja disfrutar de esto que pasa, y tengo miedo de volver a sentir.

No estoy abierta al amor, y eso se nota cuando de repente me alejo al pensar mucho en ti. Será que no quiero que pase lo de siempre.

Igual veo un patrón que se vuelve a repetir, y estoy cansada de la piedra que me deja una y otra vez en este lugar. Lo siento, sigo siendo una aprendiz.

Y esa herida que sangra, noto que se vuelve a abrir, y ahora no sé cómo curarla si estás tú aquí, a lo mejor por eso quiero que te vayas, ¿no será lo mejor para mí?

POSEÍDA

He estado escribiendo todo el día, no podía parar, como una poseída, de mi boca solo sale rima, mis ojos brillan, canalizando, convirtiendo el dolor en poesía, menuda inspiración todo lo que me da la vida, y yo viéndolo como un campo de batalla, cuánta belleza no vista, estoy despistada, ¡qué perdida! Pérdida de tiempo si no hubiera confiado en lo que intuía, cómo me quiero ahora por verlo, joder, ¡qué maravilla!

La vida es muy larga y en mi imaginación acabas conmigo, en nuestra casa, los dos viejitos, hablando de nuestras cosas, arreglando el mundo un día cualquiera, viendo cómo se pone el sol, nos besamos en la escalera.

Esto va a pasar, quieras o no.

DAR

Voy a salir a tomar el aire, necesito un descanso en la trama de mi vida, dejar el drama atrás. Me arde el pecho, ya me he hartado de escuchar, ahora no, es pronto, quizás más tarde, déjame espacio, pa ordenarme, quiero estar a tu lado y calentarme, pero de la leña no me encargo porque tú la traes, necesito estirarme a tu lado, me encanta tu palacio, ¿me dejas quedarme? Mantén tu centro por si me pasa algo, y mientras me haces la cena, leeré un rato, que así integro todo el amor que me has dado. El dar sin medida en la peli de mi vida. Debe ser el frío de otoño lo que me tiene hasta el moño de cuidar, de no parar de amar, y me he dado cuenta desde mi tristeza que ya murió la cenicienta, mudó su piel la serpiente, se hizo mayor, harta, desapareció lo que estaba en el subconsciente, la hipnosis le sirvió, ya consumió toda la dosis que le hacía falta, se despertó la chamana, encendió el caldero pa beberse las ganas de crear, en mi mundo, el que para mí es real, y desear, alimentar mi alma que me calma, en este cuerpo prestado al que voy a cuidar. Todo el amor que he dado me lo voy a dar y ya verás de lo que soy capaz, mira cómo despliego mis alas.

CON VALOR

¿QUÉ NOS PASA?

Hace tiempo que vengo pensando en el sexo, para algunos un acto sagrado, para otros, un pretexto para descargar su información, para duplicarse, o peor, para soltar su mierda, para meter la tensión en algún sitio y no quedártela porque para ti es mala y para mí no ¿no? ¡Qué listo! ¡Cuánta inconsciencia! Que la ignorancia nos pille confesaos. Ya estoy harta de tanta farsa, postureo pa los que no creen en nada, por no querer aprender así estamos, por ver porno. No voy a fingir más, amiga que se entere de que no sabe follar. Cansadas de abrir las piernas para nada, para alguien que no sabe lo que es un templo, para un consumidor de cuerpo que no se da cuenta de la energía que malgasta. Harta de que me toquen mal, donde no es, de que no se hable antes, ni mientras, de que me duela después, por no saber, porque no hay amor por medio, porque se ha dejado a un lado lo fundamental, el cuidado, el quererte más, el acompañar al otro en un momento tan delicado. Nos hemos olvidado de la vulnerabilidad y no nos acordamos del Arte que somos, no veamos solo el cacho de carne. La constante búsqueda de placer, vacío, de solo intercambiar fluidos, sin más, para abstraerse del mundo que no te gusta. Dónde ha quedado el disfrutar, olvidamos lo esencial, de conocer de verdad, de acompañar al otro en el viaje aunque sea por un momento, de amar, de profundizar, da igual el tipo de relación, aunque sólo sea pa follar, no es normal que no se cuide ese momento tan especial. ¿Qué nos pasa?

LA DIOSA ENFADADA

Hoy me he despertado nublada, no he soñado con nada, creo que estoy mala, de esperar algo, de ver pasar la vida sin que aparezca el hada, me refiero a la madrina, esa que saca la varita y te cambia la vida, aunque a las 12 me convierta en calabaza, si estoy un rato contigo, con eso me basta. Cuánto cuento, cuánta mentira, todas las historias grabadas a fuego con la cabeza en la almohada, pobre niña, aunque trabajada, aún están ahí las creencias limitadas, las que le hacen pensar que el amor lo puede todo pero siente que con eso no basta. Cuánto falta para que dejemos de cuidar a la bestia que te tiene encarcelada, para que no te tiren del pelo pa subir por una torre en la que también estás atrapada, pa que dejes de limpiar la casa, pa quitarte la losa de la espalda, pa saber que calladita no estás más guapa. Cuánto falta pa ser libres, para no ser la deseada, para que todas veamos a la Diosa, la que crea a las personas, la que un día dijo basta, se acabó el ser humillada, ya no voy a mear sentada, no me verás arrodillada porque me he puesto de pie, con la cabeza bien alta. Ya no me hundo si me gritas, es por este cuerpo por el que vienes al mundo y me necesitas, soy la favorita del Universo desde donde llega este texto, pa hablarme siéntate en la silla, mírame de abajo hacia arriba. Ya no quiero las migajas, quiero todo el pastel, que es mío. Tú solo eres una proyección más, una creencia incrustada, siglos de evolución me han hecho más sabia, más centrada, más exquisita. Hemos aprendido del dolor, sabemos que nadie más lo aguanta, mi sangre me dio el valor pa equilibrar la balanza. Cambiaremos el mundo exterior uniéndonos, creando la hermandad, ha llegado el momento de ganar esta batalla, de corazón, la santa se acabó, igual nosotras no lo vemos pero ha estallado esta burbuja, ya han nacido las hijas y los hijos de las brujas, no tenéis donde esconderos, solo os digo la última… ya podéis empezar a tener miedo a la aguja de la evolución.

NO FALLÓ

No falló la primera mano encima, la que presentó un escenario, lo que nadie se imagina cuando empiezas, las caricias no hacen daño. No fallo con mi elección, de repente pasó de mi novio al villano de la peli, me juró que no, que se le había ido la olla, la presión, el trabajo, varias cosas que le andaban preocupando, se le escapan de las manos las hostias, inconsciente del patrón por los dos lados. Cuando dije no y lo hizo igual, no me escuchó, resonó el portazo en mi interior y me cerré al amor que se me olvidó lo que era porque aquel señor que se transformó en un monstruo me llevó a las tinieblas de su ser. Nunca pensé en lo fuerte que era, en lo capaz de aguantar, una más, la última será, y aquí sigues, haciendo algo que no quieres, escondiéndome, ¿de qué? De la MUJER en mayúsculas, la que ha parido hijos, proyectos, vínculos, tan bonitos y profundos como el Mar. Ese ímpetu por crecer, esa fuerza que dijo: YA BASTA!!! Voy a ser, lo que soy, lo que siempre quise ser, la balanza se cayó a mi favor y le paré con el brazo, rechacé el manotazo de una vez, nunca más me vas a poner la mano encima, me dije, le dije, y se acabó. Aquí estoy de pie, entera, mirándome a los ojos, pensando en la Diosa que soy, en las ganas de vivir y dejar una huella en esta historia de milenios. Ha llegado mi momento y nadie me va a arrebatar eso, ni nada, porque hago lo que quiero conectada a mi intuición. Mi camino se sintió como una guía para las que quieran recorrerlo, cambiar su vida y decidir, sentir lo que es mejor para ellas y su familia. Tienes todo lo que necesitas para avanzar y cambiar, para ordenar tus prioridades, integrar el aprendizaje y salir más inteligente, más fuerte, más capaz. Tu seguridad aparecerá, la verás moverse hacia delante y caminar. Un nuevo futuro se abre ante ti, cruza el umbral, tu poder te espera, recoge el fruto de tu experiencia, la que te llevará a la vida que deseas.

M/PATERNIDAD

Para las madres que algún día se arrepintieron de ser madres
y después se arrepintieron de haberse arrepentido.

Hoy siento rabia, ya no aguanto más, mucha rabia. Estoy sola, no levanto la cabeza, no estás aquí apoyando y me duelen las tetas de amamantar, me sangran los pezones y el llanto no me deja centrarme, el dolor me atrapa y no puedo pensar, ni en mí, ni en nadie. Y me tengo que ocupar de este ser, que de mí sale, y me tengo que cuidar, y tengo que llevar la casa y todo lo demás, y mucho más. Me pesa la espalda, me duele la lumbar, de cargar. La razón me dice que no, el cuerpo dice que no, de lado a lado se mueve mi cara. Tú tendrías que estar, la paternidad es importante y no lo ves, la presencia o no presencia se nota, no me extraña que la terapia se mantenga a nuestra costa. No puedo ni levantar la vista para ver la verdad, que tú no estás, el padre. Me cae la sangre por la pierna, aun en cuarentena, y tú te vas a entrenar para no perder la rutina, eso no puede cambiar pero sí todo lo demás. Gira la turbina de mi ser a tal velocidad, que no sé cómo va a acabar esto, puede que te deje como tú lo estás haciendo, pero ahora no puedo y me invade el espíritu de la venganza ¿En qué nos hemos convertido? Me siento una esclava. Hoy se ha ido mi esperanza por la puerta, con un portazo la he visto marchar, mi corazón desolado no entiende nada porque el cansancio me supera, el no descansar, la pérdida de mi libertad. Por un momento te miro a ti, veo mi piel, mis células, mis ojos, veo esa sonrisa ahora que has parado de llorar y siento un amor tan grande… algo que nada puede superar, y me siento un superhéroe, me creo que puedo volar. A tu lado soy más fuerte, nada me falta, aunque hay momentos en los que te quiero matar, quiero que te calles y dejarte a un lado, y ser egoísta, cerrar los ojos y descansar. También quiero matar al padre, que llega como si nada, ¿cómo estás? me dice, le partiría la cara. Me he convertido en un monstruo desde que he concebido, no me han concedido ni un segundo para dudar, para decir: no sé, ¿qué estoy haciendo? ¡No tengo ni idea!

MI NIÑO

Hoy te he gritado por algo insignificante como si tuviera algo más que hacer que quererte. Me pongo en mi papel de adulto responsable, en menuda mierda estoy metida si no veo lo importante, que te quiero, que no estoy viendo el presente, que no tengo otra cosa que hacer que estar contigo, cuidarte y no perder esa ilusión que tuve al verte nacer, porque tú eres todo para mí, ¿por qué me he ido? Me pierdo en todo lo que tengo que hacer como si fuera algo urgente, más urgente que verte, escucharte, abrazarte cuando te has caído, mi niño precioso, el pequeño de la casa, el que hace que este puto mundo sea magia. Y me olvido que soy tu madre porque estoy en la mujer cansada, la que trabaja para darte todo lo que me han dicho los anuncios de Instagram. La mente, que no para ni un segundo, que se cree las historias más antiguas y no ve lo que hay enfrente, un ser que absorbe todo, que me ve como si fuera diferente a los demás, la única que existe, con esos ojos inocentes, que aún no han visto nada, que aún no entienden que hoy estoy harta, que la vida me machaca, a veces, y me siento desbordada, pero tú me ves fuerte, ves la luz en mi cara que fundes con la tuya con un beso, con tu abrazo, con las mil quinientas veces que me dices mama, te quiero, eres muy guapa. Y te veo ahora ahí llorando, porque no soy esa madre perfecta con la infinita paciencia que me falta. Y me rompo por dentro, y la culpa me come como un lobo hambriento, y pienso, que tu pataleta es real, que solo te expresas tal cual, que la responsabilidad no es tuya, que te quiero acompañar desde el amor que tengo para dar, mi amor por ti es infinito y me conecto a eso, mi niño, para ser mejor contigo y para ti, porque te mereces todo lo bueno que habita este lugar, mi alma, y te prometo que voy a crecer más y más, y te lo voy a dar.

QUÉ BONITA

Qué bonita esa luna que ilumina la crudeza de tus actos cuando nadie te ve.

Qué bonita esa emoción que tapas, la que te hace que seas imperfecto según tú.

Qué bonita esa mirada de desaprobación cuando te miras al espejo.

Qué bonita esa forma de pensar que hace que no aceptes lo que eres hoy.

Qué bonitos todos esos juicios que hacen que te des cuenta de tu modelo mental.

Qué bonito el momento en el que reconoces todo esto y empiezas un camino de observación.

Qué bonito el sufrimiento que te lleva a descubrir la verdad.

Qué bonito cuando sabes que no hay vuelta atrás. Y empiezas a pensar que quizás hay algo más.

CON CONEXIÓN

PARA MI AMIGA

Amiga, ya no recuerdo las veces que tu mano me ha salvado de no perderme en este pantano que me arrastra hacia abajo. No llevo el recuento de lágrimas o de risas o de abrazos que me has dado, como una brisa que me limpia, nunca tienes prisa pa darme todo, para recordarme a la que pisa, cada error, cada fallo en mi camino en el que plantas una flor, en tus ojos me reencuentro con mi esencia de la que a veces me olvido. La terapia gratuita de tu te quiero y tus caricias en mi alma, la que nunca olvida quien soy y me ve empoderada, siempre. Tus palabras me calman como una barca, me meces, en el día gris que me apaga, estas tú, con tu voz, cantándome mi canción, haciéndome ver lo mejor de mí. Te mereces un monumento por todo el amor que desprendes, amiga, que no hay dios que te apague, no te calles porque tú eres única, que nadie aplaque eso que te sale sin filtro, natural, alegría a mares, no te marees con nimiedades, sabes de lo que hablo. Nuestro idioma no se aprende porque está en las profundidades de nuestro Ser, el que se reconoce, aparece a borbotones, cuando bailo contigo, no me guardo ni un cumplido pa mañana porque igual ya no estamos, solo te pido, que no te hagas la que no sabe nada, porque a tu sabia ya la he visto. Así que no puedes dudarlo, mientras le doy un calo a mi pitillo, me aparece una sonrisa por aquello que dijiste pa animarme, porque siempre me animas. Me confías tus secretos, los guardo en mi mente como los bocetos que pinto, que no enseño a nadie. Eres mi amuleto amiga y te llevo a todas partes, mi corazón late al pensar que esto es para siempre, porque estarás mañana y pasado, no te voy a dejar, cuando nos muramos, seremos las fantasmas que asusten a la gente, les escribiremos mensajes en su pantalla táctil porque eso nos va, el chiste fácil, como niñas pequeñas que quieren jugar. Que no se nos olvide que en esta vida y las demás nos tenemos la una a la otra, y pal que quiera estar que acepte esta gran verdad, que el amor real, es la amistad.

FAN TUYA

Hace años escuchaba tus canciones en el coche, me sé las letras de memoria, tu voz ha sonado en mi cabeza muchas veces, puedo reproducir el CD en orden y te he copiado algún verso, escrito en alguna de mis poesías aunque dándole una vuelta. No me extrañaría que se cantara aún, el mensaje está vigente aunque han pasado como 20 años, la verdad ya no miro el calendario desde que te fuiste porque no me interesa el paso del tiempo, para mí ya no existe, y aunque entiendo el concepto, si lo pienso, me pone triste y no quiero. Le doy al play y me enrabieto cuando ando por la calle y te imagino caminando aquí a mi lado. Puede ser que aún no nos ha tocado y no sea nuestro momento, perdí en el juego mi silla, no sé cuándo cogí el turno en este cuento y aquí estoy esperando en la cola a que me toque, alguien me dio la vez y ahora no lo recuerdo, será que me salí de la fila sin querer pa mirar otras cosas y me despisté, a veces pasa.

ODA A LA ESPERANZA

Lo mejor está por llegar, está escrito en las estrellas, ellas apuntaron tu deseo,
no se olvidan de ti, confía, son fugaces y certeras, si las crees, lo traen de vuelta.
Tu deseo es lo mejor que escucharon en esa noche negra.
Tu grito de desesperación iluminó las tinieblas y ellas, como ángeles que son, observaron tu nobleza, y el pedido tan sincero, la verdad de ese anhelo que está a punto de explotar en este puto pueblo.
Las lágrimas se secaron y escuchaste tu tristeza y ahora quieres de verdad que lo que deseas, crezca, como un hijo al que le das tu amor incondicional, enamorado de tu visión, ahora se va a manifestar.
Ha cambiado algo en ti, ahora sabes que es real, tú lo puedes sentir, y nadie te va a parar.
Lo mejor está por llegar, ya lo has visto en tu mente, y sabes que lo que sientes se convierte en realidad.
Esa es la verdad, en el fondo hecho está, asume tu deseo cumplido y no lo vuelvas a olvidar, olvídate de perderte. Ellas saben lo que quieres, recuerda que las estrellas son tú, lo que vive en tu subconsciente.
Lo mejor está por llegar y por fin te lo darán, hazte a un lado y ya no pienses en quién, cómo o cuándo será.
Ten presente lo importante, lo único que activará el nacimiento de tu hijo, proyecto, vida... ahora lo sabes, la resurrección es inminente, ¡¡¡TODO VA A CAMBIAR!!!

SER DE LUZ

¡Oh! Ser de luz
deja que la vida te traspase,
te remueva y te colapse.
Deja que toda emoción viva en ti
y te regale una enseñanza.
Deja que la experiencia te destruya
y te vuelva a construir.

¡Oh! Ser de luz
déjate morir, ríndete
ante la inmensidad de la vida.

Tírate al vacío sin paracaídas.
Muere una y otra vez,
da el paso sin el puente,
tú sabes que está ahí,
piensa en tu deseo y
vete a dormir sintiéndolo.

¡Oh! Ser de luz,
mañana será otro día
y lo verás venir a ti,
no sabrás de donde ha salido,
no te acordarás, ahí está, vívelo,
y da las gracias.

TANTRA BLANCO

Me gustaría hacer tantra blanco contigo, pasarme una vida mirándote a los ojos, observar tu pupila, ver cómo sale el manojo de nervios, contemplar el proceso, ahondar sin medida en las profundidades de esa mirada, verte por dentro, sentir qué nos pasa, abandonar el pasado y el futuro, abrazar el momento presente, tú y yo, conectarnos para siempre, aunque sé que eso ya está hecho, hace tiempo. Nos conocemos de antes, no recuerdo la historia porque la memoria no va tan lejos, puede ser que te haya visto en mis sueños y en ese mundo onírico ya hemos hecho el amor, no me refiero al cuerpo, por eso nuestro encuentro fue idílico, y sin quererlo todo salió a la perfección. Pero el cuento aterrizó en este mundo, con lo concreto chocó y mantenerlo no solo depende de nosotros, hay más temas en la ecuación, y sostenerlo para seguir viendo el cielo me está costando un montón de movidas internas, y ya no me da la vida para entender a todos, cada uno con su herida, y yo, soy yo, ahora, sola, en esta historia de siglos, sustituir las creencias y empezar una nueva relación de cero, sin máscaras, pura honestidad, para ver en verdad lo que importa. Ahora solo me apetece jugar, experimentar el amor, qué más da la forma, el color, solo encuentro en tu sabor algo familiar que seguro nos llevará a aprender más, crecer. La consciencia y la intuición, unidas, en esta danza, esta relación de ternura infinita que no quiero que acabe nunca. Me parece una suerte poder materializarlo, tocarte, saber que esto es real, el tiempo no existe, y agradezco cada palabra, cada mirada, cada tristeza confesada sin excusas, cada acelerada, cada parada, cada vez que consulto mi almohada y me confirma que eres tú, esa alma, con la que quiero construir una casa, abrazándonos, y soltando lo que vendrá, desechando lo que creemos que sabemos para mirar más allá, y dejar que nos hable nuestro guía interno.

CRYSTAL

Mi chica, qué mayor te has hecho, aún recuerdo cuando no podías dormir porque te daba miedo la oscuridad, no podía dejar la luz apagada, con lo que ilumina tu luz, aún no estaba preparada en aquel entonces para lo que venía. Cegada estoy con tu belleza, con la grandeza que me inspira a ser mejor, con la franqueza que hablas, que cantas, que compones una canción, una obra de teatro. Ser especial es tu especialidad, nunca dudé de que eras más, no sabía por qué y me he quedado corta con lo que me hubiera podido imaginar, mi amor, la niña de mis ojos, la que me tuvo que decir ¡¡mama estoy aquí!! perdona porque no te vi antes, estaba distraída, con todo, con mi vida personal que no ha sido fácil, aunque has sido la mejor compañía. Vi la comprensión en tus ojos de pequeña, de mayor, siempre, a mi lado, me he sentido muy querida por ti, y no estando a la altura. Quiero que sepas que te quiero, y que siempre estaré aquí para abrazar tu amargura cuando me necesites, es tuya mi ternura, mi ser es tu ser, este libro es para ti, pa que no olvides nunca a tu madre y su locura, y sientas siempre el amor que supura de mi piel, cuando te vi nacer, te llamé por primera vez, Crystal, mi hija valiente, serás lo siguiente que el mundo necesita. Mariposas en mi mente que vuelan cuando te levantas de la silla, y caminas, y hablas maravillas, me brillan los ojos al verte y me muero de risa, a la vez, ese humor que tienes, y me duelen las costillas con tus ocurrencias, como ves, pienso en ti continuamente aunque no esté presente siempre en tu vida, y me hayas notado ausente, mis idas y venidas. Me ha faltado disciplina pa ser la madre divina que igual te merecías, aunque me siento la mujer con más suerte, como si me hubiera tocao la lotería porque te tengo como hija. El orgullo no me cabe en el cuerpo, eres mi medicina pa animarme y pensar que no lo he hecho tan mal, con ayuda, ya tú sabes, y al final, eres mi hija, y me encantas, y sé que me escuchaste cuando te decía: puedes ser lo que quieras, y eso hiciste, te creaste tu solita, te pusiste un nombre ante la mirada atónita del que tiene una mente pobre, y te pasaste por el forro las convenciones. No dejes que nadie te robe lo que es esencial, el constructo social nada tiene que ver con tu alma, que es la que te guía para que decidas cada paso, cada decisión en tu vida, el cuerpo no es más que el vehículo que camina, tú ya eres perfecta desde que mi intuición me anunció que venías, que crecías en mi interior, la primera vez que naciste, con esos ojos de extraterrestre, grandes como planetas, porque a ti te trajo un cometa que se estrelló en la tierra, aunque no te lo creas, eres una estrella a la que dedico este libro y este último poema que cierra este ciclo, y por último, decirte, que lo que más deseo, es ver una peli contigo, de viejita, riéndonos y comiendo pipas.

ÍNDICE